Bibliografische Information der Deutschen N

Die Deutsche Bibliothek verzeichnet diese Publikat
bibliografie; detaillierte bibliografische Daten sinc
nb.de/ abrufbar.

Dieses Werk sowie alle darin enthaltenen einzelnen Beiträge und Abbildungen sind urheberrechtlich geschützt. Jede Verwertung, die nicht ausdrücklich vom Urheberrechtsschutz zugelassen ist, bedarf der vorherigen Zustimmung des Verlages. Das gilt insbesondere für Vervielfältigungen, Bearbeitungen, Übersetzungen, Mikroverfilmungen, Auswertungen durch Datenbanken und für die Einspeicherung und Verarbeitung in elektronische Systeme. Alle Rechte, auch die des auszugsweisen Nachdrucks, der fotomechanischen Wiedergabe (einschließlich Mikrokopie) sowie der Auswertung durch Datenbanken oder ähnliche Einrichtungen, vorbehalten.

Impressum:

Copyright © 2013 GRIN Verlag GmbH
Druck und Bindung: Books on Demand GmbH, Norderstedt Germany
ISBN: 978-3-656-63042-5

Dieses Buch bei GRIN:

http://www.grin.com/de/e-book/271981/die-wirksamkeit-von-ausdauertraining-bei-uebergewicht

GRIN - Your knowledge has value

Der GRIN Verlag publiziert seit 1998 wissenschaftliche Arbeiten von Studenten, Hochschullehrern und anderen Akademikern als eBook und gedrucktes Buch. Die Verlagswebsite www.grin.com ist die ideale Plattform zur Veröffentlichung von Hausarbeiten, Abschlussarbeiten, wissenschaftlichen Aufsätzen, Dissertationen und Fachbüchern.

Besuchen Sie uns im Internet:

http://www.grin.com/

http://www.facebook.com/grincom

http://www.twitter.com/grin_com

BEI GRIN MACHT SICH IHR
WISSEN BEZAHLT

- Wir veröffentlichen Ihre Hausarbeit,
  Bachelor- und Masterarbeit

- Ihr eigenes eBook und Buch -
  weltweit in allen wichtigen Shops

- Verdienen Sie an jedem Verkauf

Jetzt bei www.GRIN.com hochladen
und kostenlos publizieren

Katherina Schumacher

Die Wirksamkeit von Ausdauertraining bei Übergewicht

Zwei wissenschaftliche Studien

GRIN Verlag

1 Diagnose

1.1 Allgemeine und biometrische Daten

1.1.1 Anamnese

Tabelle 1: Datensammlung zur Person XY

Parameter	Daten der Person	Bewertung / Ergänzung
Alter	23 Jahre	Erwachsen
Geschlecht	Weiblich	-
Körpergröße	173 cm	BMI liegt im Bereich starkes Übergewicht.
Körpergewicht	91,5 kg	
BMI	30,41	
Taillenumfang	90 cm	THQ- Frauen: > 0,85 hohes Gesundheitsrisiko 0,8 -0,85 leicht erhöhtes Gesundheitsrisiko < 0,8 kein Gesundheitsrisiko
Hüftumfang	105 cm	
THQ	0,85	
Körperfettanteil	38,40%	Messmethode: Bioimpedanz
Blutdruck	132/ 85 mmHg	Optimal : 120 / 80 mmHg RR ist als Hochnormal einzustufen mittels nachstehender Tabelle
Ruhepuls	69 Schläge/min	Normalbereich: 60-80 S / Min
Trainingsmotive:	Gewichtsreduzierung/ Fettstoffwechseltraining/ Fettverbrennung	Möchte langfristig gesehen 25 kg abnehmen
	Verbesserung der Ausdauer	Ihr fehlt im Alltag oft die „Puste"
	Stressabbau/Entspannung	Verspannter Schulter-Nacken Bereich
Sportliche Aktivitäten Früher/Aktuell	Hat in ihrem ganzen Leben bisher kein oder kaum Sport betrieben	Kann als vollkommen untrainiert eingestuft werden

Beruf	Industriekauffrau	Vorwiegend sitzende Tätigkeit
Einnahme von Medikamenten	Antibabypille	keine Einschränkungen
Orthopädische Er-krankungen?	Blockaden im BWS Be-reich, ca. 3 mal jährlich	keine Einschränkungen
Verletzungen?	Außenbandriss links 2009	keine Einschränkungen
Internistische Er-krankungen?	Nein	Voll belastbar
Ärztliche Behand-lung	Nein	Voll belastbar
Zeitlicher Verfü-gungsrahmen	60-75 Minuten pro TE / 2-3 mal wöchentlich	---

1.1.2 Bewertung Blutdruck und Ruhepuls

Der Blutdruck hat einen Wert von 132/85 mmHg und ist als hochnormal (Normal-blutdruck – Normotonie)zu bewerten. Die Einstufung erfolgte mit nachstehender Tabelle aus dem Studienbrief „ Medizinische Grundlagen" (Israel et al.,2011, S.257). Die Werte der Kundin sind hervorgehoben.

Tabelle 2: Klassifikation der Blutdruckwerte Eigene Darstellung nach Israel

Bewertung	Systolischer Blut-druck	Diastolischer Blut-druck
Normalblutdruck (Normotonie)		
Optimal	<120 mmHg	<80mmHg
Normal	<130 mmHg	<85 mmHg
Hoch-normal	130-139 mmHg	85-89 mmHg
Bluthochdruck (Hypertonie)		
Stadium 1	140-159 mmHg	90-99 mmHg
Stadium 2	160-179 mmHg	100-109 mmHg
Stadium 3	>180 mmHg	110 mmHg

Der Ruhepuls kann als ein wichtiger Indikator zur Beurteilung des Ausdauerleistungszustandes herangezogen werden. Im Allgemeinen gilt: umso höher der Ruhepuls, desto schlechter ist der körperliche Leistungszustand. Der Durchschnittsbürger hat einen Ruhepuls von 60-80 S/min. Damit liegt Kundin, mit einem Ruhepuls von 69 Schlägen/min genau in der Mitte(vgl. Israel et al.,2012, S. 43).

1.1.3 Bewertung der weiteren biometrischen Daten

Der BodyMassIndex (kurz:BMI) der Kundin wird mit 30,41 von der Deutschen Gesellschaft für Sportmedizin und Prävention (DGSP) als stark übergewichtig eingestuft. Ab einem BMI von > 25 sollte ein Trainingsziel beinhalten den BMI in einen gesundheitlich unbedenklichen Bereich zu bringen (< 25) und somit das Risiko für Herz-Kreislauferkrankungen deutlich zu senken. Ein weiterer wichtiger Aspekt zur Beurteilung der Körperzusammensetzung ist die Bestimmung des Körperfettgehaltes. Anhand der Daten der Kundin lässt sich erkennen das der BMI und der Körperfettgehalt in engen Zusammenhang stehen. Mit steigendem Körpergewicht, also auch BMI, steigt auch der Körperfettgehalt. Die Kundin hat einen Körperfettanteil von 38,4 %, was sehr hoch ist.

Tabelle 3: Altersabhängiger BMI für Frauen (eigene Darstellung).

Altersabhängiges Normalgewicht	
Alter	BMI-Idealwert
19-24	19-24
25-34	20-25
35-44	21-26
45-54	22-27
55-64	23-28
>64	24-29

Tabelle 4: Bewertung des Körperfettgehalts nach WHO(Eigene Darstellung).

Alter in Jahren	Frauen			
	niedrig	normal	hoch	sehr hoch
20-39	< 21 %	21-33 %	33-39 %	≥ 39 %
40-59	< 23 %	23-34 %	34-40 %	≥ 40 %
60-79	< 24 %	24-36 %	36-42 %	≥ 42 %

Aus der Umfangsmessung von Taille und Hüfte kann der Taillen-Hüft-Quotient (kurz: THQ) errechnet werden. Die Kundin hat einen THQ von 0,85. Demnach ist ihr gesundheitliches Risiko als leicht erhöht bis hoch einzustufen.

1.2 Leistungsdiagnostik / Ausdauertestung

1.2.1 Begründung des ausgewählten Fahrradergometertests

Die Kundin ist 23 Jahre alt,170 cm groß und wiegt 91 kg. Ihr BMI beträgt 30,41 bei einem Körperfettgehalt von 38,4%. Von Beruf ist sie Einzelhandelskauffrau bei überwiegender sitzender Tätigkeit. Sie fängt bei Stress an zu Essen. Sportliche Aktivität hat für sie in ihrem Leben bisher keinerlei Bedeutung gehabt. Darauf lässt auch ihr Ruhepuls schließen, welcher mit 69 S/min zwar im normal Bereich liegt, aber auf einen mäßigen Leistungszustand deutet. Da die ermittelten Parameter zur Festlegung des körperlichen Leistungszustandes sich fast alle im schlechten bis sehr schlechten Bereich befinden, ist bei der Kundin mit einer schlechten Belastbarkeit zu rechnen. Anhand der Ergebnisse der Eingangsbefragung sowie unter Berücksichtigung der Parameter Geschlecht, Alter, Trainingszustand und Ruheherzfrequenz erfolgt die Voreinstufung der Kundin. Aus der Tabelle zu Ruheherzfrequenz und Lebensalter lässt sich die Zielpulsfrequenz von 145 S/min ermitteln, welches gleichzeitig als Abbruchkriterium des Tests dient.

Als Belastungsschema wähle ich für die Kundin den WHO-Test, da dieser für leistungsschwächere (untrainierte Frauen, ältere Personen und Übergewichtige) geeignet ist. Der WHO-Stufentest wird auf dem Fahrradergometer submaximal durchgeführt, was eine Überlastung ausschließen lässt und als Allroundgerät optimal für jeden Sporttyp einsetzbar ist. Das Ergebnis des Tests ermöglicht neben der Beurteilung der Ausdauerleistungsfähigkeit auch die Ableitung von individuellen Trainingsempfehlungen (vgl. Reiß et al.,2012, S.82). Hierzu wird aus der linken Spalte der Normwertabelle die Intensität ermittelt,welcher sich aus der erbrachten relativen Watt-Soll-Leistung und dem entsprechenden Intensitäts- bzw. Belastungsfaktor ermittelt. Im Anschluss wird dieser Belastungsfaktor in die IPN-Formel zur Berechnung der optimalen Trainingsherzfrequenz eingesetzt.

Ein weiteres Argument für den IPN-Test ist die einfache Durchführung, der geringe Zeitaufwand, der interindividuelle Leistungsvergleich sowie der intraindividuelle Leistungsvergleich in Hinblick auf den Re-Test.

1.2.2 Durchführung und tabellarische Darstellung des Testablaufs

Tabelle 5: Testverlauf nach WHO (Eigene Darstellung)

Name	X	Geschlecht:	weiblich	
Vorname:	Y	Alter:	23	
Testform: IPN - WHO submaximal	Eingangsbelastung: 25 Watt	Pulsobergrenze: - nach IPN 145 S/min (≠ Pulsaufschlag,kein Ausdauertraining)	Gewicht: 91,0 kg	
Anmerkungen:	Stufendauer: 2 min	Abbruchgrenze: - nach WHO: 180 – Lebensalter = 157 - RR von > 230 / 115 mmHg	Ruhepuls: 69 S / min	
	Belastungssteigerung: 25 Watt	Trittfrequenz: 70 U / min	Blutdruck: 132 / 85 mmHg	

Eingangstest	Datum: 15.04.2013

Stufe	Zeit	Watt	Hf 1	Hf 2
I	0-2 min	25	100 S/min	105 S/min
II	2-4 min	50	109 S/min	112 S/min
III	4-6 min	75	116 S/min	118 S/min
IV	6-8 min	100	121 S/min	123 S/min
V	8-10 min	125	134 S/min	143 S/min
VI	10-12 min	150	**147 S/min**	153 S / min

	Ist-Leistung	Soll-Leistung	Bewertung
Watt gesamt	**130 Watt**	155 Watt	- 25 Watt unter Normalbereich
Watt / kg	**1,43**	1,7	-0,27
Normbewertung: Relative Soll-Watt-Leistung – Watt pro kg Körpergewicht	☺		Unterdurchschnittliche Ausdauerleistungsfähigkeit

1.2.3 Bewertung der Testergebnisse anhand entsprechender Normwerte

Die Kundin hat insgesamt fünf Belastungsstufen vollständig durchfahren (einschließlich 125 Watt). Auf der sechsten Belastungsstufe (150 Watt) hat sie nach einer Minute (elfte Testminute) die definierte Pulsobergrenze von von 145 S/min erreicht. Schließlich wurde der Test nach der zwölften Minute bei 150 Watt und einem Puls von 153 S/min beendet.

Die Gesamtleistung der Kundin liegt bei 130 Watt. Die relative Ist-Leistung (Watt/kg) beträgt 1,43 Watt/kg Körpergewicht (130 Watt : 91 kg). Die erbrachte Leistung wird mit der Norm-Soll-Leistungstabelle für das entsprechende Geschlecht und Alter verglichen. Es ergibt sich eine unterdurchschnittliche Ausdauerleistungsfähigkeit.

Die empfohlene optimale Trainingsherzfrequenz für Laufen/Walker, Stepper und Crosstrainer wird auf Grundlage der IPN-Formel berechnet und stellt eine modifizierte KARVONEN-Formel dar:

$$\text{Thf} = ((220 - \tfrac{3}{4} \text{ LA}) - \text{Hf}_{\text{Ruhe}} * \text{BF} + \text{Hf}_{\text{Ruhe}}$$

$$\text{Thf} = ((220 - \tfrac{3}{4} * 23) - 69) * 0{,}55 + 69$$

$$= 141 \text{ Schläge / min (Pulsobergrenze)}$$

Die empfohlene optimale Trainingsherzfrequenz für Rad- und Rudertraining:

$$\text{Thf} = ((220 - \text{LA}) - \text{Hf}_{\text{Ruhe}} * \text{BF} + \text{Hf}_{\text{Ruhe}}$$

$$\text{Thf: } ((220 - 23) - 69) * 0{,}55 + 69$$

$$= 138 \text{ Schläge / min (Pulsobergrenze)}$$

BF = Belastungsfaktor bzw. Belastungsintensität

1.3 Gesundheits- und Leistungsstatus der Person

In Hinblick auf die Belastbarkeit und Trainierbarkeit der Kundin lassen sich folgende Rückschlüsse ziehen.

Die Auswertung der biometrischen Daten hat ergeben, dass die Kundin sich insgesamt in einer eher schlechten Konstitution befindet. Sie hat zwar bisher keine körperlichen Beschwerden,mit Ausnahme dass sie schnell „ausser Puste" ist. Das Ausdauertraining wird bei der Kundin positive Effekte hinsichtlich des Blutdrucks von hochnormal in den normalen Bereich erzielen. Es sind insgesamt gute Effekte zu erwarten da sie Trainingsbeginnerin ist. Das Ausdauertraining wird mit entsprechender Umstellung der Ernährung positive Effekte auf das Gewichtsmanagement erzielen durch den gesteigerten Kalorienverbrauch (2-3 mal wöchentlich, mit steigender Belastung). Dies hat eine Senkung des BMI sowie des Körperfettanteils zur Folge.

Allgemein betrachtet wird der Kundin das Training sehr wahrscheinlich zu Beginn noch relativ schwer fallen (innerer Schweinehund), jedoch zunehmend leichter. Der erste Re-Test ist nach zwei Mesozyklen angesetzt um die fortgeschrittene Leistung zu dokumentieren.

2 Zielsetzung / Prognose

Teilziel 1: Optimierung des Fettstoffwechsels

- Erhöhung der VO2max innerhalb der ersten beiden Mesozyklen (12 Wochen) um
15% -

Der Fettstoffwechsel ist durch Langzeitausdauertraining mit Intensitäten von 25-65 % VO2max trainierbar, wobei mit zunehmender Belastung von den Fetten auf Kohlenhydrate umgestiegen wird, um eine schnellere Resynthese des ATPs für kurz- bis mittelfristige Belastungen zu erlangen (vgl. Reiß/Israel, 2012, S. 223). Für die Zielsetzung der Kundin stellt die Erhöhung der VO2max ein vorrangiges Ziel dar, welches durch eine längere Belastungsdauer (> 60 Minuten) trainiert werden kann. Die Erhöhung der VO2max, also der relativen Sauerstoffaufnahme stellt eine wichtige Grundvorraussetzung zur Optimierung der aeroben Glukose- und freien Fettsäureverwertung dar.

Teilziel 2 : Aufbau einer guten Grundlagenausdauer

- Aufbau einer guten Grundlagenausdauer GA1 innerhalb von 6 Monaten -

Der Aufbau einer soliden Grundlagenausdauer ist von wesentlicher Bedeutung für alle sportlichen Aktivitäten. Sie stellt das Fundament unserer Gesundheit dar. Bei dem Training der GA1 werden die Ökonomisierung und Stabilisierung des Herz-Kreislauf-System sowie die Aktivierung und Verbesserung des Fettstoffwechsels trainiert. Dies hat eine insgesamt höhere aerobe Leistungsfähigkeit zur Folge. Die bevorzugte Methode dafür stellt die extensive Dauermethode dar mit einer Belastungsdauer von 30-120 Minuten.

Teilziel 3: Senkung der Ruheherzfrequenz

- Senkung der Ruheherzfrequenz um 2 Schläge/min in 4 Wochen -

Die Ruheherzfrequenz, als zentrale Messgröße zur Beurteilung der Herz- Kreislauffunktion sowohl in Ruhe als auch während der Belastung, kann durch gezieltes Ausdauertraining sinken. Diese Ökonomisierung der Herzarbeit hat zur Folge, dass die Ruhe- und Arbeitsherzfrequenz bei gleicher Leistung sinkt. Mit einer aktuellen Hf_{Ruhe} von 69 S/min liegt sie zwar im Normbereich aber ein verringerter Sauerstoffverbrauch des Herzmuskels ist gut für ihr Herz und für die kommenden Ausdauerbelastungen.

3 Trainingsplanung Mesozyklus

3.1 Grobplanung Mesozyklus

Im Mesozyklus werden mehrere Wochen mit gleichem Schwerpunkt aneinander gereiht. Diese geben neben der Dauer der einzelnen Einheiten genau vor, wann, wie reizstark, in welcher Reihenfolge und Variation das Training stattfinden soll.

Tabelle 6: Grobplanung Mesozyklus von der Kundin XY

Mesozyklus	
Dauer	6 Wochen
Trainingsziel	Aufbau / Entwicklung der Grundlagenausdauer GA 1
Belastungsumfang/Woche	ca. 2-2,5 Stunden die Woche
Trainingsmethoden	Extensive Dauermethode Intensive Dauermethode
Trainingsintensität	55-65% Hf_{max} / (DM Regenerativ) 60- 75% Hf_{max} /(DM extensiv) 75-80 % Hf_{max} / (DM intensiv)
Trainingshäufigkeit/Woche	3 mal
Dauer pro TE	30-35 min (regenerativ) 20−65 min (DM extensiv)
Trainingsgeräte	Crosstrainer, Fahrrad, Laufband(Walking)

3.2 Detailplanung Mesozyklus

Zur Errechnung der Trainingsherzfrequenz wird die die modifizierte KARVO-NEN-Formel, die IPN-Formel verwendet:

Thf (Fahrrad) = $(220 - LA - Hf_{Ruhe}) * BF + Hf_{Ruhe}$

Hf_{Ruhe} = 69 S/min

Hfmax = 220-23 =197 S/min

$Hf_{Reserve}$ = 128 S/min

Thf (Fahrrad) = (220-23-69) * 0,55 + 69 = 138 S/min

→ Pulsobergrenze von 138 S/min

Thf (Walking, Crosstrainer) = $(220 - ¾ LA - Hf_{Ruhe}) * BF + Hf_{Ruhe}$

Hf_{Ruhe} = 69 S/min

Hfmax = 220 - ¾ 23 (17,25) = 202,75 S/min

$Hf_{Reserve}$ = 133,75 S/min (=134)

Thf (Walking, Crosstrainer) = $(220 - 17,25 - 69) * 0,55 + 69$ = 141 S/min

→ Pulsobergrenze von 141 S/min

Tabelle 7: Detailplanung Mesozyklus III der Kundin

Woche 1			
	Montag	Mittwoch	Freitag
Trainingsziel	GA 1	GA 1	GA 1
Trainingsmethoden	Extensive DM	Extensive DM	Extensive DM
Trainingsintensität von Hfmax	60-65 %	60-65 %	60-65 %
Puls unter-& Obergrenze in S/min	145-152	149-156	149-156
Dauer pro TE in Minuten	55	40	20
Trainingsgerät	Fahrrad	LB - Walking	Crosstrainer

Woche 2			
	Montag	Mittwoch	Freitag
Trainingsziel	GA 1	GA 1	GA 1
Trainingsmethoden	Extensive DM	Extensive DM	Extensive DM
Trainingsintensität von Hfmax	65-70 %	65-70 %	60-65 %
Puls unter-& Obergrenze in S/min	152-158	156-162	149-156
Dauer pro TE in Minuten	60	45	25
Trainingsgerät	Fahrrad	LB - Walking	Crosstrainer

Woche 3			
	Montag	Mittwoch	Freitag
Trainingsziel	GA 1	GA 1	GA 1
Trainingsmethoden	Extensive DM	Extensive DM	Extensive DM
Trainingsintensität von Hfmax	70-75%	70-75%	65-70 %
Puls unter-& Obergrenze in S/min	158-165	162-169	156-162
Dauer pro TE in Minuten	65	55	30
Trainingsgerät	Fahrrad	LB - Walking	Crosstrainer

Woche 4			
	Montag	Mittwoch	Freitag
Trainingsziel	GA 1	REKOM	GA 1
Trainingsmethoden	Extensive DM	Extensive DM	Extensive DM
Trainingsintensität von Hfmax	70-75 %	65-70%	65-70 %
Puls unter-& Obergrenze in S/min	162-169	152-158	156-162
Dauer pro TE in Minuten	30	35	60
Trainingsgerät	Crosstrainer	Fahrrad	LB - Walking

Woche 5			
	Montag	Mittwoch	Freitag
Trainingsziel	GA 1	GA 1	GA 1
Trainingsmethoden	Extensive DM	Extensive DM	Extensive DM
Trainingsintensität von Hfmax	70-75 %	70-75%	70-75%
Puls unter-& Obergrenze in S/min	162-169	158-165	162-169
Dauer pro TE in Minuten	40	50	50
Trainingsgerät	Crosstrainer	Fahrrad	LB - Walking
Woche 6			
	Montag	Mittwoch	Freitag
Trainingsziel	GA 1	REKOM	GA 1
Trainingsmethoden	Intensive DM	Extensive DM	Intensive DM
Trainingsintensität von Hfmax	75-80 %	55-60%	75-80 %
Puls unter-& Obergrenze in S/min	169-176	139-145	169-176
Dauer pro TE in Minuten	45	35	45
Trainingsgerät	Crosstrainer	Fahrrad	LB - Walking

3.3 Begründung Mesozyklus

Wenn wir Training als Adaptionsprozess verstehen, so kann das Training als ein ständiger Anpassungseffekt an Belastung aufgefasst werden. Wobei Trainingsreize die Störung der Homöostase bewirken, also eine Störung des inneren chemischen Gleichgewichts. Diese Störung ist als Ursache für die adaptive Veränderung des beanspruchten Systems zu verstehen da der Körper versucht diese auszugleichen und sich an die Belastung anzupassen(vgl. Weineck,2004,S.77).

Der oben aufgeführte Mesozyklus erstreckt sich über sechs Wochen als Folge von Belastungs- und Beanspruchungs-Regulationen. Durch den planmäßigen Wechsel von Belastung und Erholung schafft es die Kundin ihre persönliche Anpassung zu optimieren. Der Trainingsschwerpunkt des Mesozyklus liegt auf der Entwicklung bzw. Aufbau der Grundlagenausdauer. Dargestellt ist hier der dritte Mesozyklus, es wurden bereits zwei Zyklen voran geschaltet. In den ersten beiden Mesozyklen wurde die Kundin immer weiter an das Ausdauertraining heran geführt. Die anfängliche Belastungsumfang war deutlich geringer und wurde sukzessive in 5 % Schritten gesteigert. Dasselbe Prinzip wurde bei den Ausdauergeräten angewandt. So wurde im ersten Zyklus nur das Fahrrad als Gerät gewählt, da es nur sehr geringe koordinative Anforderungen stellt. Im zweiten Zyklus wurde auf Wunsch der Kundin der Crosstrainer mit hinzugenommen. Der Crosstrainer bringt nicht nur Abwechslung ins Training, sondern auch eine größere Muskelaktivierung sowie höheren cardiopulmonalen Effekt aufgrund des gleichzeitigen Arm- und Beineinsatzes, was einen höheren Energieumsatz zur Folge hat. Schließlich wurde im dritten Zyklus noch das Laufband in den Trainingsplan integriert, welches zum Walken genutzt wird.

Das übergeordnete Trainingsziel des Makrozyklus,also aller 4 Mesozyklen, liegt in dem Aufbau einer soliden Grundlagenausdauer. Die REKOM sowie die GA1-Einheiten werden mit der extensiven Dauermethode umgesetzt, wobei „lange gleichmäßige Ausdauerbelastungen ohne Pausen (...) maximal dicht und umfangsbetont (...) [die] Ökonomisierung der Herz- Kreislauf-Arbeit, Verbesserung der Fettverbrennung und die Verbesserung der peripheren Durchblutung" (Sportunterricht, 2011) hervorrufen. Die Grundlagenausdauer bezeichnet die allgemeine aerob-dynamische Ausdauer. Sie ist die Basisvoraussetzung für eine gute körperliche Leistungsfähigkeit. Sie erhöht die Regenerationsfähigkeit, steigert die psychische Belastbarkeit,minimiert das Verletzungsrisiko, optimiert den Fettstoffwechsel, sorgt insgesamt für eine stabile Gesundheit und hat eine präventive Wirkung im Bereich des Herz-Kreislauf-Krankheiten(vgl. J. Weineck, Optimales Training, ,S.145). Insgesamt wird ein höheres bzw. normales Leistungsniveau erreicht. Die Basistrainingsmethode, wie bereits erwähnt, ist die extensive Dauermethode. Die Kunden deckt dabei das gesamte Intensitätsspektrum der extensiven Dauermethode 60 -75 % Hfmax ab. Im letzten Mikrozyklus kommt als weitere Trainingsform die intensive Dauermethode zum Einsatz. Die Kundin wurde in den vorangegangen Mikrozyklen durch die progressive Belastungssteigerung an höhere Intensitäten herangeführt. In der intensiven Dauermethode ist der Belastungsumfang deutlich geringer. Die Belastungsintensität liegt im aeroben-anaeroben Mischbereich.

Tabelle 8:Vorteile der extensiven und intensiven Dauermethode (vgl. ZINTL et al.,2009,S.119 f)

Methode	Trainingswirkung
Ext. DM	→ Ökonomisierung der Herzarbeit →Verbesserung der peripheren Durchblutung →Erweiterung des aeroben Stoffwechsels mit Verbesserung der Fettverbrennung →Nutzung der Glukoneogenese (bei überlanger Dauer) →Ausbildung einer Vagotonie (niedriger Puls und Blutdruckanpassung) →Ausbildung eines stabilen Bewegungsstereotyps (ST-Faser-Rekrutierung)
Int. DM	→Entwicklung des Herz-Kreislauf-Systems (Herz, Sauerstofftransportkapazität) → Kapillarisierung der Skelettmuskulatur →Verbesserung des aeroben Stoffwechsels unter verstärkter Glykogennutzung → Glykongenentleerung und Superkompensation →Nutzung des Laktat-Steady-state (Laktatbildung und -kompensation) →Ausbildung eines Bewegungsstereotyps (erweiterte Faserrekrutierung)

Das gewählte Be- & Entlastungsverhältnis innerhalb des Mesozyklus ist 3:1. Von der ersten bis zur dritten Woche erfolgt eine Zunahme der Belastung, sowohl im Umfang als auch der Intensität. In der vierten Woche wird die Trainingsbelastung reduziert um den Körper ausreichend Zeit zu geben für trainingsinduzierten Anpassungen. In der darauffolgenden Woche wird mit einer höheren Trainingsbelastung begonnen.

Tabelle 9: Gesamter Trainingsumfang pro Woche in Stunden und Minuten

3 Trainingseinheiten pro Woche					
Woche 1	Woche 2	Woche 3	Woche 4	Woche 5	Woche 6
115 min.	130 min.	145 min.	125 min.	140 min.	125 min.
1:55 Std.	2:10 Std.	2:25Std.	2:05 Std.	2:25 Std.	2:10 Std.

4 Literaturrecherche

Studie 1:

Die Studie „Effekte beim Grundumsatz nach einer Körpergewichtsreduktion durch extensives Ausdauertraining bei schwergewichtigen Frauen und Männern" wurde von Anagnostou, V. Und Schaar, B. Wurde im Jahr 20.. veröffentlich in Gesundheit in Bewegung: Impulse aus der Geschlechterperspektive.

Das Ziel der vorliegenden Studie ist, die Effekte eines extensiven Ausdauertrainings über 26 Wochen auf den Grundumsatz (GU)bei schwergewichtiger Frauen und Männer zu untersuchen.

Methodik:

Insgesamt 30 schwergewichtige Erwachsene (16 Frauen, 14 Männer) mittleren Alters nahmen an einem 26-wöchigen Ausdauertraining teil. Die Auswahl der Teilnehmer und Teilnehmerinnen erfolgte aufgrund zuvor festgelegter Voraussetzungen nicht randomisiert.

Folgende Einschlusskriterien waren für die Teilnahme dieser Studie relevant:

- Alter zwischen 18 und 45 Jahre

- BMI ≥ 40.0 kg/m2

- Keine akute oder vorangegangene koronare Herzerkrankung

- Keinen unkontrollierten Bluthochdruck

- Keine orthopädischen Erkrankungen

≅ Keine Einnahme von Psychopharmaka oder Antihypertensiva

Ablauf:

Das Bewegungsprogramm umfasste insgesamt 16 Einheiten innerhalb der 26 Interventionswochen mit einer Dauer von 45-60 Minuten. Die Basis des Programms bildete ein individuell dosiertes submaximales extensives Ausdauertraining mit dem Schwerpunkt aerober Belastungsformen wie Nordic Walking, Schwimmen, Aquajogging und Radfahren sowie funktionsgymnastische Übungen zur Stabilisation und Dehnung. Der wöchentliche Trainingsumfang lag bei insgesamt drei Trainingseinheiten pro Woche, so dass alle Teilnehmer und Teilnehmerinnen neben den 16 „Face-to-Face" Einheiten selbstständig trainierten.

Woche 1-4: Betreuung durch Personal Trainer zwei mal pro Woche,

Woche 5-7: Betreuung durch Personal Trainer ein mal pro Woche,

ab der 7 Woche nur noch alle drei Wochen betreutes Training.(für 20 Wochen)

Die Trainingssteuerung und -kontrolle erfolgte über Herzfrequenzmesser, die Trainingsintensität lag zwischen 65-75% der maximalen Sauerstoffaufnahme (VO2max). Nach jeder Trainingseinheit wurden dem Trainer die Trainingsherzfrequenzen elektronisch übermittelt.

Ergebnisse:

Nach der 26-wöchigen Trainingsphase zeigten Frauen und Männer signifikante Reduktionen des Körpergewichts und des BMI.

Tabelle 10: Ergebnisse der Probanden nach 26-wöchigen Training(eigene Darstellung)

	BMI Vorher	BMI Nachher	KG Vorher	KG Nachher
Frauen	44.12 ± 5.32	41.11 ± 6.30	127.06 ± 22.22	118.47 ± 24.12
Männer	43.31± 2.30	40.67 ± 2.62	141.56 ± 8.59	132.86 ± 8.07

Studie 2:

Die Studie „Effekte einer interdisziplinären Intervention auf den BMI-SDS sowie Ausdauerleistungsfähigkeit adipöser Kinder -das CHILT III-Projekt" wurde von Graf C., Kupfer A., Kurth A., Stützer H., Koch B., Jaeschke S., Jouck S., Lawrenz A., Predel HG. und Bjarnason-Wehrens B. im Jahr 2005 in der Deutschen Zeitschrift für Sportmedizin veröffentlich.

Das CHILT III-Projekt (Children's Health InterventionaL Trial) der Deutschen Sporthochschule Köln wurde von September 2003 bis Juli 2004 durchgeführt. Zur Eingangs- und Abschlussuntersuchung wurden die anthropometrischen Daten der Kinder erfasst, der BMI und BMI-SDS berechnet. Spiroergometrisch wurden die maximal erreichte Wattleistung sowie die maximale Sauerstoffaufnahme erfasst. Es nahmen 23 Kinder teil, 10 weitere dienten als Kontrollkinder. Die Interventionskinder waren zu Beginn der Studie zwischen 11-14 Jahren alt. Der BMI betrug 29,2 ± 3,9 kg/m2, der BMI-SDS 2,4 ± 0,4.

Methodik:

Untersuchungsgruppe Zwischen Mai und September 2003 meldeten die Eltern ihre Kinder zur Teilnahme an dem CHILT III-Programm an. Die Voraussetzung für eine Teilnahme war das Über- schreiten der 97. Perzentile nach Kromeyer-Hauschild et al. bzw. der 90. Perzentile des BMI bei Vorliegen kardiovaskulärer Risikofaktoren, z.B. eine arterielle Hypertonie oder eine Hyperlipoproteinämie. Die Gruppe startete September 2003 bis Juli 2004.

Ablauf:

- 1 mal wöchentlich: Größe und Gewicht bestimmen

- Alle zwei Wochen im Wechsel Ernährungsberatung und Gruppengespräch mit dem Psychologen (die Eltern nahmen ebenfalls teil)

- An vier Terminen wurden gemeinsame Kochnachmittage durchgeführt.

- 2 mal wöchentlich Sport (60 bzw. 90 Minuten) der Schwerpunkt lag in der individuellen Förderung von Koordination, Ausdauer und Kraft.

Ergebnisse:

Hinsichtlich der Parameter BMI und BMI-SDS war kein signifikanter Unterschied festzustellen. Die maximale Leistungsfähigkeit in Watt und die VO2max sowie die relativen Werte bezogen auf das Körpergewicht. Die Interventionskinder verbesserten sich signifikant in allen Parametern, während in der Kontrollgruppe keine Veränderungen festzustellen waren (maximale Wattleistung; relative Wattleistung ; VO2max ; relative VO2max).

Literaturverzeichnis

Anagnostou, V. & Schaar, B. : *Effekte beim Grundumsatz nach einer Körpergewichtsreduktion durch extensives Ausdauertraining bei schwergewichtigen Frauen und Männern.* In: Gesundheit in Bewegung: Impulse aus der Geschlechterperspektive, Band. 32. Sankt Augustin: Academia Brennpunkte der Sportwissenschaft 32, S.163-169.
(war kein Datum angegeben)

De Marées, H. (2003). *Sportphysiologie.* 9. Auflage. Köln: Sport & Buch Strauß.

Graf C./ Kupfer A./ Kurth A./ Stützer H./ Koch B./ Jaeschke S./ Jouck S./ Lawrenz A./ Predel HG. und Bjarnason-Wehrens B.:(2005). Effekte einer interdisziplinären Intervention auf den BMI-SDS sowie Ausdauerleistungsfähigkeit adipöser Kinder -das CHILT III-Projekt .*Deutsche Zeitschrift für Sportmedizin,* 56(10),353-357.

http://www.hildentri.de/literatur/training%20im%20ausdauersport.pdf
Zugriff am 25.4.2013 ; 11.28 Uhr

Israel, S., Albers, T. (2011). *Studienbrief Medizinische Grundlagen. Unveröffentlichte Studienmaterialien.* 6. Auflage. Saarbrücken: Deutsche Hochschule für Prävention und Gesundheitsmanagement.

Reiß, M., Fikenzer, S. (2012). *Studienbrief Trainingslehre II. Unveröffentlichte Studienmaterialien.* 8. Auflage. Saarbrücken: Deutsche Hochschule für Prävention und Gesundheitsmanagement.

Weineck, J. (2004). *Optimales Training: Leistungsphysiologische Trainingslehre unter besonderer Berücksichtigung des Kinder- und Jugendtrainings.*14 Auflage. Erlangen: Spitta.

Zintl F.(1997): *Ausdauertraining - Grundlagen, Methoden, Trainingssteuerung.* 4. Auflage, Verlag BLV, München

Lightning Source UK Ltd.
Milton Keynes UK
UKHW040310241118
332865UK00001B/166/P